AUX ÉCOLES CHRÉTIENNES

LE

PREMIER LIVRE

DE L'ENFANCE

OU

La Grammaire, l'Orthographe et l'Analyse

ENSEIGNÉES PAR DES

LECTURES GRADUÉES ÉLÉMENTAIRES

Par l'abbé GOUPIL

Ex-directeur de l'Institution N.-D. des Victoires

près Paris.

LE MANS

IMPRIMERIE BEAUVAIS,

PLACE DES HALLES, 19

—

1865

A B C D E F G H
I J K L M N O P Q
R S T U V X Y Z Æ
OE W Ç.

a b c d e f g h i j
k l m n o p q r s t u
v x y z æ œ w ç.

*a b c d e f g h i j
k l m n o p q r s t u
v x y z æ œ w ç.*

ALPHABET APPRIS PAR COMPARAISON.

A E I O U Y

B P   D T

C K Q

F V   G J

L M N

R

S Z

X

ACCENTS

AC. AIGU.　　AC. GRAVE.　　AC. CIRCONFLEXE.

é　　è　　â ê î ô û

ÉTUDE DES SYLLABES.

ba be bi bo bu ca ce* ci co cu
da de di do du fa fe fi fo fu
ga ge gi go gu ha he hi ho hu
ja je ji jo ju ka ke ki ko ku
la le li lo lu ma me mi mo mu
na ne ni no nu pa pe pi po pu
qua que qui quo qu ra re ri ro ru
sa se si so su ta te ti to tu
va ve vi vo vu xa xe xi xo xu

DÉCADES SYLLABIQUES.

1

ab eb ib ob ub ac ec ic oc uc
af ef if of uf al el il ol ul
am em im om um ar er ir or ur
au eu î ou û bal bel bil bol bul
bar ber bir bor bur bas bes bis
bos bus.

* C devant e, i, y a le son de l's.

2

cal cel cil col cul car cer cir cor cur dal del dil dol dul dam dem dim dom dum dar der dir dor dur fal fel fil fol ful far fer fir for fur fas fes fis fos fus gal gel gil gol gul gam gem gim gom gum.

3

gar ger gir gor gur gas ges gis gos gus kal kel kil kol kul lam lem lim lom lum lar ler lir lor lur las les lis los lus lav lev liv lov luv mal mel mil mol mul man men min mon mun map mep mip mop mup

4

mar mer mir mor mur nal nel

nil nol nul nar ner nir nor
nur pal pel pil pol pul par per
pir por pur ral rel ril rol rul
ram rem rim rom rum ran ren
rin ron run rar rer rir ror
rur.

5

rav rev riv rov ruv raz rez riz
roz ruz sac sec sic soc suc sal
sel sil sol sul sam sem sim som
sum san sen sin son sun sar
ser sir sor sur sat set sit sot
sut tab teb tib tob tub taf tef
tif tof tuf.

6

tal tel til tol tul tam tem tim
tom tum tar ter tir tor tur tas
tes tis tos tus tav tev tiv tov
tuv bla ble bli blo blu fla fle

fli flo flu pla ple pli plo plu
vla vle vli vlo vlu mail pail rail
tail vail.

7

blac blec blic bloc bluc blas
bles blis blos blus clar cler
clir clor clur clas cles clis clos
clus clav clev cliv clov cluv bra
bre bri bro bru cra cre cri cro
cru pra pre pri pro pru tra tre
tri tro tru cha che chi cho chu.

8

pha phe phi pho phu rha rhe
rhi rho rhu gna gne gni gno
gnu chla chle chli chlo chlu
scra scre scri scro scru phra
phre phri phro phru stra stre
stri stro stru squa sque squi
squo squ spla sple spli splo
splu mast mest mist most must

9

bau cau lau mau tau beu leu
meu feu veu bui lui pui tui sui
bon lon mon pon ton moi loi
foi roi toi mais fais nais rais
vais meur leur peur reur seur
bées gées mées lées rées beil
meil reil seil veil ciel miel niel
fiel viel.

10

bour lour mour sour four beau
meau peau seau veau bien mien
sien tien vien bain main pain
rain vain brui drui frui prui
trui cieu dieu lieu pieu mieu
plair clair flair glair vlair bouil
douil mouil rouil vouil qu'au
qu'en qu'in qu'on qu'un cœur
joie nœud point pluie.

ÉLÉMENTS

DE LA GRAMMAIRE

Mis en lectures.

———

(Le jeune élève lira d'abord les exemples écrits en gros caractères, réservant les principes de la grammaire pour une classe plus avancée).

La Grammaire est une science qui enseigne à parler et à écrire.

On divise son étude en deux parties : la connaissance des mots, et l'arrangement de ces mots entre eux qu'on appelle syntaxe.

Les mots se composent de syllabes et les syllabes de lettres qui sont au nombre de vingt-cinq, dont six voyelles et dix-neuf consonnes.

Les voyelles sont : a, e, i, o, u, y.

On compte en français *dix espèces de mots*, autrement dits, les *dix parties du discours*, dont six variables : l'article, le nom, l'adjectif, le pronom, le verbe et le participe, et quatre invariables : l'adverbe, la préposition, la conjonction et l'interjection.

Dans tout mot variable on distingue : le *radical*, partie du mot qui ne varie pas, et la *terminaison*, partie du mot qui varie suivant le genre, le nombre, la personne.

1º L'ARTICLE est un petit mot que l'on met devant les noms. Il y en a trois espèces : *l'article simple* qui est

le, la, les ;

l'article *composé* qui est

au, aux, du, des,

et l'article *élidé* dans lequel on retranche *e* dans le et *a* dans la, quand le mot suivant commence par une voyelle ou un h muet :

l'argent, l'été, l'image, l'ombre, l'univers,
l'homme, l'histoire, l'hiver.

2º Le NOM est un mot qui sert à nommer une personne ou une chose. Ex.:

Bataille, balance, bélier, bijou, bocal, buffet, bureau, cadeau, café, cerise, colon, curé, dame, débat, dîner, doreur, durée, fable, fécule, fileuse, forêt, fusil, galop, gelée, gibier, godet, guêpe, habit, héros, hiver, honneur, humeur, jardin, jeton, journal, jugement, laboureur, légèreté, livre, logis, lutin, malheur, mémoire, midi, modèle, muraille, nature, nègre, niveau, noblesse, numéro, papa, pêcheur, pigeon, potier, punition, racine, rebut, rivière, rocher, rugissement, sagesse, semence, signe, soleil, sujet, tableau, tête, tigre, toile, tube, vache, vérité, vigneron, voleur, vulnéraire.

On distingue deux sortes de noms : le *nom commun* qui convient à tous les objets de même espèce ; et le *nom propre* qui ne convient pas à tous les objets de même espèce, mais seulement à un ou à plusieurs.

————

Noms communs.

Abbé, obélisque, effet, argent, ornement, ballon, bille, berceau, cerceau, collier, firmament, fortune, festin, garçon, gorge, largeur, lassitude, million, manteau, menhir, montagne, mappemonde, marchand, pardon, perte, porte, ralliement, rondeur, rivage, salpêtre, sillon, sangsue, singerie, songeur, serment, sergent, tissu, flatteur, floraison, flûte, plateau, plumage, blasphème, philosophe, clarté, classe, clavette, mât, mot, nid, clef, arc, coq, nez, fils, voix, sac, cou, nef, bec, lit, bol, cerf, rat, os, loup, chat, bras, banc, noix, puits, ours, gant, pont, œil, nain, oie, main, toit, clou, char, vis, œuf, craie, queue, pied, bœuf, scie, poing, tour, mois, air, vent, lion, ail, gland, bourg, tronc, mort, front, eau, choc, flot, sœur, champ, cuir, dos, camp, art, doigt, froid, flux, reflux.

Noms propres.

Adam, Eve, Abel, Caïn, Seth, Noé, Sem, Cham, Japhet, Abraham, Isaac, Jacob, Joseph, Moïse, David, Salomon, Marie, Pierre, Paul, Europe, Afrique, Asie, Amérique, Océanie, Italie, France, Angleterre, Belgique, Allemagne, Russie, Rome, Paris, Londres, Constantinople, Pékin en Chine, Jérusalem en Palestine, Bethléem en Judée, Constantine en Algérie, Madrid en Espagne, Lisbonne en Portugal.

Les noms communs peuvent être des noms collectifs et des noms composés. Le *nom collectif* est celui qui représente une collection ; on le dit *collectif général* quand il exprime une collection entière, et *collectif partitif* quand il n'exprime qu'une partie de collection, comme une multitude d'étoiles.

Le *nom composé* est celui qui est composé de plusieurs mots réunis par le trait d'union.

Noms collectifs.

Multitude, collection, troupe, foule, assemblée, armée, sénat, société, réunion, essaim, fourmillière, amas, rassemblement, escadron, bataillon, compagnie, collége, pension.

Noms composés.

Abat-jour, aide-de-camp, arc-en-ciel, bain-marie, beau-père, belle-sœur, bon-mot, bouton-d'or, cerf-volant, chef-lieu, contre-poison, couvre-chef, demi-pension, eau-de-vie, entre-lignes, gagne-pain, grand'messe, hôtel-dieu, passe-droit, passe-temps, sous-maître, sous-préfet, tire-ligne, ver-à-soie, vert-de-gris.

3° L'Adjectif est un mot que l'on ajoute au nom pour en augmenter la signification. On en compte cinq espèces : 1° l'*adjectif qualificatif* que l'on ajoute au nom pour marquer la qualité de l'objet exprimé par le nom. Ex. :

Capitaine célèbre, grand prophète, renard industrieux, fleuve rapide, douce pensée, ancien proverbe, chien timide, roi puissant, empereur cruel, femme curieuse, enfant studieux, royaume céleste, homme prudent, vieillard vertueux, vive douleur, grande joie, serviteur fidèle, gloire éternelle, écolier oisif, armée innombrable, ami sincère, mort prématurée, observances légales, sage conseiller, église magnifique, étude indispensable, dessin parfait.

Les adjectifs qualificatifs peuvent avoir trois degrés de qualification : 1° le *positif* qui n'est autre chose que l'adjectif pris simplement; 2° le *comparatif* qui est l'adjectif entrant dans une comparaison, comme : Paul est plus sage que Pierre, et 3° le *superlatif* qui donne à l'adjectif le plus de signification possible, comme : cet enfant est très-sage, le plus sage, extrêmement sage, fort sage.

. 2° L'*Adjectif numéral* (*cardinal* ou *ordinal*) est celui que l'on ajoute au nom pour marquer le nombre ou l'ordre de l'objet exprimé par le nom. Ex. :

1 2 3 4 5 6 7 8

Un deux trois quatre cinq six sept huit

9 10 11 12 13 14 15

neuf dix onze douze treize quatorze quinze

16 17 18 19 20 30

seize dix-sept dix-huit dix-neuf vingt trente

40 50 60 70

quarante cinquante soixante soixante-dix

80 90 100 1000

quatre-vingt quatre-vingt-dix cent mille

10,000 100,000 1,000,000.

dix mille cent mille un million.

Premier, second ou deuxième, troisième, quatrième, cinquième, sixième, septième, huitième, neuvième, dixième, onzième, douzième, treizième, quatorzième, quinzième, seizième, dix-septième, dix-huitième, dix-neuvième, vingtième, etc.

3° L'*Adjectif possessif* est celui que l'on ajoute au nom pour faire connaître le possesseur de l'objet exprimé par le nom. Ex.:

Mon père, ma mère, mes frères, ton château, ta voiture, tes serviteurs, son caractère, sa physionomie, ses réflexions, notre patrie, votre chef, leur idée, leurs vêtements.

4° L'*Adjectif démonstratif* est celui que l'on ajoute au nom pour montrer comme du doigt l'objet exprimé par le nom. Ex.:

Ce prétexte, cet honneur, cette rivière, ces travaux.

5° L'*Adjectif indéfini* est celui qui fait connaître d'une manière vague, confuse, indéfinie, l'objet exprimé par le nom. Ex :

Chaque arbuste, tout voyageur, aucun asile, nul espoir, toute considération, aucune conférence, nulle exigence, tel esprit, telle imagination, quelque fantaisie, maint conseil, mainte balourdise.

4° Le PRONOM est un mot dont on se sert à la place du nom. On en compte cinq espèces :

1º Le *pronom personnel* est celui qui tient la place du nom des personnes qui parlent ou des personnes à qui l'on parle, ou des objets dont on parle. Ex.:

Je travaille, tu écoutes, il se promène, nous accourons, vous examinez, ils voyagent, elle coud, elles chantaient.

2º Le *pronom possessif* est celui qui tient la place du nom de manière à faire connaître le possesseur de l'objet exprimé par le nom. Ex.:

Le mien, la mienne, les miens, les miennes
le tien, la tienne, les tiens, les tiennes,
le sien, la sienne, les siens, les siennes,
le nôtre, le vôtre, le leur,
les nôtres, les vôtres, les leurs.

3º Le *pronom démonstratif* est celui qui tient la place du nom de manière à montrer comme du doigt l'objet exprimé par le nom. Ex.:

Celui-ci, celle-ci, ce, ceci, cela, celui-là, celle-là, ceux-ci, celles-ci, ceux-là, celles-là

4º Le *pronom relatif* est celui qui tient la place d'un nom immédiatement placé avant lui. Ce nom est appelé antécédent. Ex.:

Qui, lequel, laquelle, lesquels, desquels,

lesquelles, desquelles, dont, à qui, auxquels, auxquelles.

5° Le *pronom indéfini* est celui qui tient la place du nom de manière à désigner confusément l'objet exprimé par le nom. Ex. :

On frappe. Quelqu'un entre. Tel rit. Quiconque réfléchit. Chacun parle.

6° Le VERBE est un mot qui exprime ou une manière d'être ou une action.

Tous les verbes se réduisent à deux espèces : le *verbe substantif* être et le *verbe adjectif* qui se subdivise en cinq sortes :

1° Le *verbe actif* qui marque une action faite par le sujet de la phrase ; 2° le *verbe passif* qui marque une action reçue par le sujet ; 3° le *verbe neutre* qui marque une action faite par le sujet, mais il diffère du verbe actif en ce qu'il ne peut avoir de complément direct, comme tomber, mourir ; 4° le *verbe pronominal* qui se conjugue avec deux pronoms. Ex.: Je me promène ; 5° le *verbe impersonnel* qui ne s'emploie qu'à la troisième personne. Ex. : Il pleut, il tonne, il faut.

On distingue dans les verbes le mode, le temps, le nombre et la personne. Ces différentes choses constituent la *conjugaison*.

Il y a cinq modes : l'*indicatif* qui indique simplement que l'on est ou que l'on fait quelque chose ; le *conditionnel* qui indique une condition ; l'*impératif* qui marque un commandement, une prière ; le *subjonctif* ou conjonctif qui se conjugue avec la conjonction que ; l'*infinitif* qui a une signification indéfinie, vague.

Le mode se divise en temps. Il y a trois temps fondamentaux : le présent, le passé et le futur qui marquent que la chose est, a été ou sera. Il ne peut y avoir qu'un présent ; il y a deux futurs : le *futur simple* qui marque une chose devant arriver, le *futur antérieur* ou passé qui marque une chose devant arriver avant une autre.

On compte cinq passés : l'*imparfait* qui marque le passé par rapport au présent, ex.: j'étudiais quand vous êtes entré ; le *passé défini* qui marque que la chose vient d'être faite ; le *passé indéfini* qui marque une chose faite depuis un temps indéterminé ; le *passé antérieur* qui marque une chose faite antérieurement à une chose déjà faite, ex. : j'eus aimé cet homme, si je l'avais connu ; le *plus-que-parfait* qui exprime une chose faite mais bien avant une autre chose déjà faite, ex. : J'avais bien appris ma leçon pour la réciter.

On distingue encore les *nombres :* singulier et pluriel, et les *personnes* qui sont au nombre de trois *:* la première celle qui parle, la deuxième celle à qui l'on parle et la troisième celle dont on parle.

Conjugaison du verbe ÊTRE.

INDICATIF

PRÉSENT.

Je suis,
Tu es,
Il est,
Nous sommes,
Vous êtes,
Ils sont.

IMPARFAIT.

J'étais,
Tu étais,
Il était,
Nous étions,
Vous étiez,
Ils étaient.

PASSÉ DÉFINI.

Je fus,
Tu fus,
Il fut,
Nous fûmes,
Vous fûtes,
Ils furent.

PASSÉ INDÉFINI.

J'ai été,
Tu as été,
Il a été,
Nous avons été,
Vous avez été,
Ils ont été.

PASSÉ ANTÉRIEUR.

J'eus été,
Tu eus été,
Il eut été,
Nous eûmes été,
Vous eûtes été,
Ils eurent été.

PLUS-QUE-PARFAIT.

J'avais été,
Tu avais été,
Il avait été
Nous avions été,
Vous aviez été,
Ils avaient été.

FUTUR.

Je serai,
Tu seras,
Il sera,
Nous serons,
Vous serez,
Ils seront.

FUTUR ANTÉRIEUR.

J'aurai été,
Tu auras été,
Il aura été,
Nous aurons été,
Vous aurez été,
Ils auront été.

CONDITIONNEL

PRÉSENT.

Je serais,
Tu serais,
Il serait,
Nous serions,
Vous seriez,
Ils seraient.

PASSÉ.

J'aurais été,
Tu aurais été,
Il aurait été,
Nous aurions été.
Vous auriez été.
Ils auraient été.

IMPÉRATIF.

Sois,
Soyons,
Soyez.

SUBJONCTIF

PRÉSENT OU FUTUR.

Que je sois,
Que tu sois,
Qu'il soit,
Que nous soyons,
Que vous soyez,
Qu'ils soient.

IMPARFAIT.

Que je fusse,
Que tu fusses,
Qu'il fût,
Que nous fussions,
Que vous fussiez,
Qu'ils fussent.

PASSÉ.

Que j'aie été,
Que tu aies été,
Qu'il ait été,
Que nous ayons été,
Que vous ayez été,
Qu'ils aient été.

PLUS-QUE-PARFAIT.

Que j'eusse été,
Que tu eusses été,
Qu'il eût été,
Que nous eussions été
Que vous eussiez été,
Qu'ils eussent été.

INFINITIF.

PRÉSENT.

Être.

PARTICIPE PRÉSENT.

Étant.

PARTICIPE PASSÉ.

Été.

Conjugaison du verbe AVOIR.

INDICATIF
PRÉSENT.

J'ai,
Tu as,
Il a,
Nous avons,
Vous avez,
Ils ont.

IMPARFAIT.

J'avais,
Tu avais,
Il avait,
Nous avions,
Vous aviez,
Ils avaient.

PASSÉ DÉFINI.

J'eus,
Tu eus,
Il eut,
Nous eûmes,
Vous eûtes,
Ils eurent.

PASSÉ INDÉFINI.

J'ai eu,
Tu as eu,
Il a eu,
Nous avons eu,
Vous avez eu,
Ils ont eu.

PASSÉ ANTÉRIEUR.

J'eus eu,
Tu eus eu,
Il eut eu,
Nous eûmes eu,
Vous eûtes eu,
Ils eurent eu.

PLUS-QUE-PARFAIT.

J'avais eu,
Tu avais eu,
Il avait eu,
Nous avions eu,
Vous aviez eu,
Ils avaient eu.

FUTUR.

J'aurai,
Tu auras,
Il aura,
Nous aurons,
Vous aurez,
Ils auront.

FUTUR ANTÉRIEUR.

J'aurai eu,
Tu auras eu,
Il aura eu,
Nous aurons eu,
Vous aurez eu,
Ils auront eu.

CONDITIONNEL
PRÉSENT.

J'aurais,
Tu aurais,
Il aurait,
Nous aurions,
Vous auriez,
Ils auraient.

PASSÉ.

J'aurais eu,
Tu aurais eu,
Il aurait eu,
Nous aurions eu,
Vous auriez eu,
Ils auraient eu.

IMPÉRATIF.

Aie,
Ayons,
Ayez.

SUBJONCTIF
PRÉSENT OU FUTUR.

Que j'aie,
Que tu aies,
Qu'il ait,
Que nous ayons,
Que vous ayez,
Qu'ils aient.

IMPARFAIT.

Que j'eusse,
Que tu eusses,
Qu'il eût,
Que nous eussions,
Que vous eussiez,
Qu'ils eussent.

PASSÉ.

Que j'aie eu,
Que tu aies eu,
Qu'il ait eu,
Que nous ayons eu,
Que vous ayez eu,
Qu'ils aient eu.

PLUS QUE-PARFAIT.

Que j'eusse eu.
Que tu eusses eu,
Qu'il eût eu,
Que nous eussions eu,
Que vous eussiez eu,
Qu'ils eussent eu.

INFINITIF
PRÉSENT.

Avoir.

PARTICIPE PRÉSENT.

Ayant.

PARTICIPE PASSÉ.

Eu.

Première conjugaison, en ER

<table>
<tr><td valign="top">

INDICATIF
PRÉSENT.

J'aim *e*,
Tu aim *es*,
Il aim *e*,
Nous aim *ons*,
Vous aim *ez*,
Ils aim *ent*.

IMPARFAIT.

J'aim *ais*,
Tu aim *ais*,
Il aim *ait*,
Nous aim *ions*,
Vous aim *iez*,
Ils aim *aient*.

PASSÉ DÉFINI.

J'aim *ai*,
Tu aim *as*,
Il aim *a*,
Nous aim *âmes*,
Vous aim *âtes*,
Ils aim *erent*.

PASSÉ INDÉFINI.

J'ai aim *é*,
Tu as aim *é*,
Il a aim *e*,
Nous avons aim *é*,
Vous avez aim *é*,
Ils ont aim *é*.

PASSÉ ANTÉRIEUR.

J'eus aim *é*,
Tu eus aim *é*,
Il eut aim *é*,
Nous eûmes aim *é*,
Vous eûtes aim *é*,
Ils eurent aim *é*.

PLUS-QUE-PARFAIT.

J'avais aim *é*,

</td><td valign="top">

Tu avais aim *é*,
Il avait aim *é*,
Nous avions aim *é*,
Vous aviez aim *é*,
Ils avaient aim *é*,

FUTUR.

J'aim *erai*,
Tu aim *eras*,
Il aim *era*,
Nous aim *erons*,
Vous aim *erez*,
Ils aim *eront*.

FUTUR ANTÉRIEUR.

J'aurai aim *é*,
Tu auras aim *é*,
Il aura aim *e*,
Nous aurons aim *é*,
Vous aurez aim *é*,
Ils auront aim *é*,

CONDITIONNEL
PRÉSENT.

J'aim *erais*,
Tu aim *erais*,
Il aim *erait*,
Nous aim *erions*,
Vous aim *eriez*,
Ils aim *eraient*.

PASSÉ.

J'aurais aim *é*,
Tu aurais aim *é*,
Il aurait aim *é*,
Nous aurions aim *é*,
Vous auriez aim *é*,
Ils auraient aim *é*.

IMPÉRATIF.

Aim *e*,
Aim *ons*,
Aim *ez*.

</td><td valign="top">

SUBJONCTIF
PRÉSENT OU FUTUR.

Que j'aim *e*,
Que tu aim *es*,
Qu'il aim *e*,
Que nous aim *ions*,
Que vous aim *iez*,
Qu'ils aim *ent*.

IMPARFAIT.

Que j'aim *asse*,
Que tu aim *asses*,
Qu'il aim *ât*,
Que nous aim *assions*,
Que vous aim *assiez*,
Qu'ils aim *assent*.

PASSÉ.

Que j'aie aim *é*,
Que tu aies aim *é*,
Qu'il ait aim *é*,
Que nous ayons aim *é*,
Que vous ayez aim *é*,
Qu'ils aient aim *é*.

PLUS-QUE-PARFAIT.

Que j'eusse aim *é*,
Que tu eusses aim *é*,
Qu'il eût aim *é*.
Que nous eussions aim *é*
Que vous eussiez aim *é*
Qu'ils eussent aim *é*.

INFINITIF
PRÉSENT.

Aim *er*.

PARTICIPE PRÉSENT

Aim *ant*.

PARTICIPE PASSÈ.

Aim *é*.

</td></tr>
</table>

Deuxième conjugaison, en IR.

INDICATIF
PRÉSENT.

Je fin *is*,
Tu fin *is*,
Il fin *it*,
Nous fin *issons*,
Vous fin *issez*,
Ils fin *issent*.

IMPARFAIT.

Je fin *issais*,
Tu fin *issais*,
Il fin *issait*,
Nous fin *issions*,
Vous fin *issiez*,
Ils fin *issaient*.

PASSÉ DÉFINI.

Je fin *is*,
Tu fin *is*,
Il fin *it*,
Nous fin *îmes*,
Vous fin *îtes*,
Ils fin *irent*.

PASSÉ INDÉFINI.

J'ai fin *i*,
Tu as fin *i*,
Il a fin *i*,
Nous avons fin *i*,
Vous avez fin *i*,
Ils ont fin *i*.

PASSÉ ANTÉRIEUR.

J'eus fin *i*,
Tu eus fin *i*,
Il eut fin *i*,
Nous eûmes fin *i*,
Vous eûtes fin *i*,
Ils eurent fin *i*.

PLUS-QUE-PARFAIT.

J'avais fin *i*,

Tu avais fin *i*,
Il avait fin *i*,
Nous avions fin *i*,
Vous aviez fin *i*,
Ils avaient fin *i*.

FUTUR.

Je fin *irai*,
Tu fin *iras*,
Il fin *ira*,
Nous fin *irons*,
Vous fin *irez*,
Ils fin *iront*.

FUTUR ANTÉRIEUR.

J'aurai fin *i*,
Tu auras fin *i*,
Il aura fin *i*,
Nous aurons fin *i*,
Vous aurez fin *i*,
Ils auront fin *i*.

CONDITIONNEL
PRÉSENT.

Je fin *irais*,
Tu fin *irais*,
Il fin *irait*,
Nous fin *irions*,
Vous fin *iriez*,
Ils fin *iraient*.

PASSÉ.

J'aurais fin *i*,
Tu aurais fin *i*,
Il aurait fin *i*,
Nous aurions fin *i*,
Vous auriez fin *i*,
Ils auraient fin *i*.

IMPÉRATIF.

Fin *is*,
Fin *issons*,
Fin *issez*.

SUBJONCTIF
PRÉSENT OU FUTUR.

Que je fin *isse*,
Que tu fin *isses*,
Qu'il fin *isse*,
Que nous fin *issions*,
Que vous fin *issiez*,
Qu'ils fin *issent*.

IMPARFAIT.

Que je fin *isse*,
Que tu fin *isses*,
Qu'il fin *ît*,
Que nous fin *issions*,
Que vous fin *issiez*,
Qu'ils fin *issent*.

PASSÉ.

Que j'aie fin *i*,
Que tu aies fin *i*,
Qu'il ait fin *i*,
Que nous ayons fin *i*,
Que vous ayez fin *i*,
Qu'ils aient fin *i*,

PLUS-QUE-PARFAIT.

Que j'eusse fin *i*,
Que tu eusses fin *i*,
Qu'il eût fin *i*,
Q. nous eussions fin *i*
Que vous eussiez fin *i*
Qu'ils eussent fin *i*.

INFINITIF
PRÉSENT.

Fin *ir*.

PARTICIPE PRÉSENT.

Fin *issant*.

PARTICIPE PASSÉ.

Fin *i*.

Troisième conjugaison, en OIR.

INDICATIF
PRÉSENT.

Je reç *ois*,
Tu reç *ois*,
Il reç *oit*,
Nous recev *ons*,
Vous recev *ez*,
Ils reçoiv *ent*.

IMPARFAIT.

Je recev *ais*,
Tu recev *ais*,
Il recev *ait*,
Nous recev *ions*,
Vous recev *iez*,
Ils recev *aient*.

PASSÉ DÉFINI.

Je reç *us*,
Tu reç *us*,
Il reç *ut*,
Nous reç *ûmes*,
Vous reç *ûtes*,
Ils reç *urent*.

PASSÉ INDÉFINI.

J'ai reç *u*,
Tu as reç *u*,
Il a reç *u*,
Nous avons reç *u*,
Vous avez reç *u*,
Ils ont reç *u*.

PASSÉ ANTÉRIEUR.

J'eus reç *u*,
Tu eus reç *u*,
Il eut reç *u*,
Nous eûmes reç *u*,
Vous eûtes reç *u*,
Ils eurent reç *u*.

PLUS-QUE-PARFAIT.

J'avais reç *u*,

Tu avais reç *u*,
Il avait reç *u*,
Nous avions reç *u*,
Vous aviez reç *u*,
Ils avaient reç *u*.

FUTUR.

Je recev *rai*,
Tu recev *ras*,
Il recev *ra*,
Nous recev *rons*,
Vous recev *rez*,
Ils recev *ront*.

FUTUR ANTÉRIEUR.

J'aurai reç *u*,
Tu auras reç *u*,
Il aura reç *u*,
Nous aurons reç *u*,
Vous aurez reç *u*,
Ils auront reç *u*.

CONDITIONNEL
PRÉSENT.

Je recev *rais*,
Tu recev *rais*,
Il recev *rait*,
Nous recev *rions*,
Vous recev *riez*,
Ils recev *raient*.

PASSÉ.

J'aurais reç *u*,
Tu aurais reç *u*,
Il aurait reç *u*,
Nous aurions reç *u*,
Vous auriez reç *u*,
Ils auraient reç *u*.

IMPÉRATIF.

Reç *ois*,
Recev *ons*,
Recev *ez*

SUBJONCTIF
PRÉSENT OU FUTUR.

Que je reç *oive*,
Que tu reç *oives*,
Qu'il reç *oive*,
Que nous rec *evions*,
Que vous rec *eviez*,
Qu'ils reç *oivent*.

IMPARFAIT.

Que je reç *usse*,
Que tu reç *usses*,
Qu'il reç *ut*,
Que nous reç *ussions*,
Que vous reç *ussiez*,
Qu'ils reç *ussent*.

PASSÉ.

Que j'aie reç *u*.
Que tu aies reç *u*,
Qu'il ait reç *u*,
Que nous ayons reç *u*
Que vous ayez reç *u*,
Qu'ils aient reç *u*.

PLUS-QUE-PARFAIT.

Que j'eusse reç *u*,
Que tu eusses reç *u*,
Qu'il eût reç *u*,
Q. nous eussions reç *u*
Q. vous eussiez reç *u*,
Qu'ils eussent reç *u*.

INFINITIF
PRÉSENT.

Recev *oir*.

PARTICIPE PRÉSENT.

Recev *ant*.

PARTICIPE PASSÉ.

Reç *u*.

Quatrième conjugaison, en RE.

INDICATIF
PRÉSENT.

Je rend *s*,
Tu rend *s*,
Il rend,
Nous rend *ons*
Vous rend *ez*,
Ils rend *ent*.

IMPARFAIT.

Je rend *ais*,
Tu rend *ais*,
Il rend *ait*,
Nous rend *ions*,
Vous rend *iez*,
Ils rend *aient*.

PASSÉ DÉFINI.

Je rend *is*,
Tu rend *is*,
Il rend *it*,
Nous rend *îmes*,
Vous rend *îtes*.
Ils rend *irent*.

PASSÉ INDÉFINI.

J'ai rend *u*,
Tu as rend *u*,
Il a rend *u*,
Nous avons rend *u*,
Vous avez rend *u*,
Ils ont rend *u*.

PASSÉ ANTÉRIEUR.

J'eus rend *u*,
Tu eus rend *u*,
Il eut rend *u*,
Nous eûmes rend *u*,
Vous eûtes rend *u*,
Ils eurent rend *u*.

PLUS-QUE-PARFAIT.

J'avais rend *u*,
Tu avais rend *u*.
Il avait rend *u*,
Nous avions rend *u*,
Vous aviez rend *u*,
Ils avaient rend *u*.

FUTUR.

Je rend *rai*,
Tu rend *ras*,
Il rend *ra*,
Nous rend *rons*,
Vous rend *rez*,
Ils rend *ront*.

FUTUR ANTÉRIEUR.

J'aurai rend *u*,
Tu auras rend *u*,
Il aura rend *u*,
Nous aurons rend *u*,
Vous aurez rend *u*,
Ils auront rend *u*.

CONDITIONNEL
PRÉSENT.

Je rend *rais*,
Tu rend *rais*,
Il rend *rait*,
Nous rend *rions*,
Vous rend *riez*,
Ils rend *raient*.

PASSÉ.

J'aurais rend *u*,
Tu aurais rend *u*,
Il aurait rend *u*,
Nous aurions rend *u*,
Vous auriez rend *u*,
Ils auraient rend *u*.

IMPÉRATIF.

Rend *s*,
Rend *ons*,
Rend *ez*.

SUBJONCTIF
PRÉSENT OU FUTUR.

Que je rend *e*,
Que tu rend *es*,
Qu'il rend *e*,
Que nous rend *ions*,
Que vous rend *iez*,
Qu'ils rend *ent*.

IMPARFAIT.

Que je rend *isse*,
Que tu rend *isses*,
Qu'il rend *ît*,
Que nous rend *issions*,
Que vous rend *issiez*,
Qu'ils rend *issent*.

PASSÉ.

Que j'aie rend *u*,
Que tu aies rend *u*,
Qu'il ait rend *u*,
Q. nous ayons rend *u*
Que vous ayez rend *u*
Qu'ils aient rend *u*.

PLUS-QUE-PARFAIT.

Que j'eusse rend *u*,
Que tu eusses rend *u*
Qu'il eût rend *u*,
Q. n. eussions rend *u*
Q. v. eussiez rend *u*,
Qu'ils eussent rend *u*.

INFINITIF
PRÉSENT.

Rend *re*.

PARTICIPE PRÉSENT.

Rend *ant*.

PARTICIPE PASSÉ.

Rend *u*.

Les verbes passifs se forment de l'auxiliaire *être* avec le participe passé du verbe actif. Ex. Je suis aimé. Quant aux autres verbes, pronominaux, neutres, irréguliers, nous renvoyons aux grammaires plus sérieuses.

TERMINAISONS

Des quatre Conjugaisons modèles.

TEMPS.	1re CONJ.	2^e	3^e	4^e
Ind. présent...	e	is	ois	s
Imparfait.. . . .	ais	issais	evais	ais
Passé défini. . .	ai	is	us	is
Futur.	erai	irai	evrai	rai
Cond. présent. .	erais	irais	evrais	rais
Impératif.. . . .	se forme de l'indicatif dont on prend les deux premières personnes du pluriel et la troisième du singulier en retranchant le pronom.			
Subj. présent. .	e	isse	oive	e
Imparfait	asse	isse	usse	isse

Tous les temps composés qui sont : le passé indéfini, le passé antérieur, le plus-que-parfait, le futur antérieur, le conditionnel passé, le parfait et le plus-que-parfait ou subjonctif, se forment du participe passé en y joignant certains temps de l'auxiliaire *avoir* ; de sorte que ces temps composés des verbes actifs ne peuvent être confondus avec les temps des verbes passifs qui prennent toujours l'auxiliaire *être*.

Passé défini	J'ai aimé
Passé antérieur.. .	J'eus
Plus-que-parfait.. .	J'avais
Futur antérieur.. .	J'aurai
Conditionnel passé.	J'aurais ou j'eusse
Subjonctif parfait..	J'aie
Plus-que-parfait . .	J'eusse
Infinitif présent.. .	er ir oir re
— passé.. . .	é i u u
Participe présent. .	ant, issant, evant, ant
— passé. . .	é i u u

Le passé de l'infinitif se construit avec avoir. Ex. : Avoir aimé.

6° Le *participe* est un mot qui participe du verbe et de l'adjectif. Il participe du verbe en ce qu'il en a la signification, et de l'adjectif en ce qu'il modifie le sens du nom. On distingue deux sortes de participes : le *participe présent*, invariablement terminé en ant, et le *participe passé*, terminé en é, i ou u. Ex. :

L'homme pratiquant la vertu. Le vent

soufflant avec violence. Un enfant jouant gaîment. Des enfants caressant leur mère. L'eau filtrant à travers le sable. Une réunion troublée. Une fleur flétrie. Il a passé en faisant le bien. La mort est assurée. La parole lancée vole de bouche en bouche. La brise embaumée. L'air parfumé. Les déserts abandonnés.

Quand le participe présent s'accorde avec le nom, on l'appelle alors *adjectif verbal*. Ex. : Des enfants aimants.

Mots invariables.

1° *L'adverbe* est un mot invariable qui modifie le sens d'un verbe, d'un adjectif et même d'un autre adverbe. Ex.: Cet enfant lit bien, paraît très-sage, écrit parfaitement bien. Tout ensemble de mots faisant office d'adverbe est dit : *locution adverbiale*.

Où, ici, là, ailleurs, partout, nulle part, dehors, dedans, intérieurement, aujourd'hui, demain, hier, avant-hier, après-demain, savamment, prudemment, sagement, bien, mal, soigneusement, beaucoup, plus, moins, assez, trop, davantage, pourquoi, oui, ainsi, assurément, certainement, surtout, non, jamais, toujours, peut-être, par hazard, de même, comme, ensemble, séparément, également, en particulier, peu à peu, petit à petit, tout doucement, insensiblement, graduellement, proportionnellement, à coup sûr, à dessein, sans doute, à propos, courageusement.

2° La Préposition est un mot invariable qui sert à lier les mots entre eux. On appelle *locution prépositive* un ensemble de mots faisant office de préposition. Ex. :

Chez les sauvages. Dans l'empire. Sur la frontière. Au-dessus des princes. Par-dessus la barrière. Sous le boisseau. Pour une obole. Pendant la nuit. Au-delà des mers. En deça du fleuve. Auprès d'un chêne. Au-dessous du trône. A l'égard de Dieu. Avant le repas. Après la saison. Avec circonspection. Sans contredit. Contre la raison. Suivant son avis. Selon la formule. Vis-à-vis le droit. En face des juges. A l'encontre d'un danger. A l'instar du guerrier. Comme un page.

3° La CONJONCTION est un mot invariable qui sert à joindre les phrases entre elles. Ex. : Je sortais quand vous entriez. La *locution conjonctive* est un ensemble de mots faisant office de conjonction. Ex.:

Dieu récompense les bons et punit les méchants. Ou vaincre ou mourir. Soit qu'il dise, soit qu'il fasse Je ne veux ni or ni argent. Vous mentez, donc vous êtes menteur. Le temps est noir, or il pleuvra. J'aime la bruyère, car c'est la fleur de mon pays. La vieillesse est malheureuse, parce qu'elle sait beaucoup. La nuit tombe, c'est pourquoi nous désertons les champs. Les étoiles brillent à mesure que le soleil disparaît. Tandis que le pauvre chemine un enfant suit à pas précipités. Demeurez ici, attendu qu'il fait un grand orage. A moins que l'homme change de nature, il lui faut des lois pour sévir contre le crime. Je n'ai rien entendu, cependant j'écoutais. - Le passage périlleux est fait, néanmoins veillons à nous. Les Bretons aiment la gloire pourvu qu'elle ne gêne en rien la simplicité de leurs mœurs. Le sage n'entreprend rien lorsqu'il est dans le trouble. Le monde est vieux et cependant il faut l'amuser comme un enfant Quoique peu connaisseur, j'estime bien le mérite de ces fresques. Les anges comprennent mais ne raisonnent pas. Si quelques-uns ont eu des faiblesses, c'est qu'ils étaient hommes. Comme le feu éprouve le fer, de même l'adversité éprouve l'homme courageux.

4° L'INTERJECTION est un mot invariable qui sert à exprimer un sentiment vif et subit de l'âme. Ex.:

Oh ! que l'impatience cause de maux. O doux langage de l'amitié. Ah! profitez de mon malheur. Hélas! les plus beaux jours de la vie s'envolent les premiers. Oh ! qu'il est glorieux d'être loué par la postérité.

De la Syntaxe.

Les mots s'arrangent entre eux suivant certaines règles qui composent la syntaxe.

1° Du Pluriel.

Dans les noms, pronoms, adjectifs, participes, la règle générale est de mettre un *s* à la fin du mot.

1re *Exception*. — Les mots terminés au singulier par *s, x, z* ne changent pas au pluriel. Ex. : voix, fils, nez palais, crucifix, gris, délicieux, avantageux.

2e *Exception*. — Les mots terminés au singulier par *au, eu, ou* prennent un *x* au pluriel. Ex. : le bateau, les bateaux ; le feu, les feux ; le genou, les genoux.

3e *Exception*. — Les mots terminés au singulier par *al* et *ail* font *aux* au pluriel.

4^r *Exception*. — Ciel, œil, aïeul font au pluriel cieux, yeux, aïeux.

Nota. — Les mots en *ant* et en *ent* peuvent perdre le *t* au pluriel, excepté les monosyllabes. Ex.: enfants, enfans, charmants, charmans.

2° Du Féminin.

Règle générale. — Le féminin se forme dans les adjectifs en ajoutant un *e* à la fin du mot.

Les adjectifs suivants font exception :

Agréable, agréable, habile, habile, cruel, cruelle, pareil, pareille, ancien, ancienne, bon, bonne, muet, muette, net, nette, mortel, mortelle, ivrogne, ivrognesse, borgne, borgnesse, traître, traîtresse, bas, basse, gras, grasse, las, lasse, épais, épaisse, gros, grosse, nul, nulle, gentil, gentille, sot, sotte, paysan, paysanne, neuf, neuve, naïf, naïve, heureux, heureuse, jaloux, jalouse, doux, douce, roux, rousse, faux, fausse, vieux, vieille, trompeur, trompeuse, pêcheur, pêcheuse, conducteur, conductrice, protecteur, protectrice, fier, fière, entier, entière, aigu, aiguë, ambigu, ambiguë, contigu, contiguë, blanc, blanche, franc, franche, sec, sèche, frais, fraîche, public, publique, caduc, caduque, turc, turque, grec, grecque, long, longue, bénin, bénigne, malin, maligne, favori, favorite, devin, devineresse, tiers, tierce, châtain, fat, dispos, aquilin, beau, belle, nouveau, nouvelle, fou, folle, mou, molle, quotidien, quotidienne.

Certains substantifs sont parfois masculins et parfois féminins :

Amour, m. s. amours, f. pl. à moins qu'il ne signifie les amours de la mythologie.

Aigle, enseigne, f.   aigle, oiseau, m.

Délice, m. s.   délices, f. pl.

Orgue, m. s.   orgues, f. pl.

Couple, deux réunis pour la génération, m.

Couple, deux objets de même genre, f.

Automne, m. s.

Hymne d'église, f.   différemment, m.

Auteur, amateur, professeur, témoin, m. f.

On dit : Tous les gens d'esprit.

Tous les honnêtes gens.

Les vrais gens de lettres.

Quels gens de bien !

Exercices encyclopédiques d'orthographe et d'analyse.

L'aumône est le sel des richesses. Lès yeux sont le miroir de l'âme. Le fardeau le plus lourd est la paresse. La montagne en travail enfante une souris. L'habitude est une seconde nature.

Les oiseaux réjouissent l'homme par leur chant. La cigale chante tout l'été. La fourmi est un modèle d'activité et de prévoyance. Tous les animaux apportent en naissant des industries naturelles. L'hirondelle maçonne son nid avec une adresse admirable. Le castor bâtit sa demeure avec un art infini. Les araignées fabriquent leurs fils fort habilement. Le fourmilion se nourrit de fourmis, de sauterelles et d'autres petits insectes qu'il prend au piége. Les abeilles volent de fleurs en fleurs pour composer leur miel. Le travail est pour l'homme un trésor. Pendant le jour, la chauve-souris se tient dans l'obscurité. Les hérissons ne voyagent guère que pendant la nuit. La taupe est un animal essentiellement souterrain et fouisseur. L'ours aime le miel avec passion. L'instinct du furet en fait l'ennemi mortel des lapins. Le pelage de l'hermine est blanc comme la neige. Le chien est de tous les animaux le plus disposé à la domesticité. Le loup emporte facilement un mouton en s'enfuyant. Le renard est le plus rusé des animaux. Ordinairement le lion mugit après avoir mangé et lorsqu'il fait de l'orage. Le tigre est plus féroce et plus redoutable que le lion. Les jeunes chats sont gais, vifs, jolis et amusants. L'écureuil est le plus joli petit quadrupède de nos bois. Les marmottes habitent les Alpes à une hauteur considérable. Le lapin a pour demeure le terrier qu'il se creuse. Tous les chevaux arabes sont d'une taille médiocre, fort dégagés et plutôt maigres que gras. L'âne est de son naturel aussi humble, aussi patient, aussi tranquille que le cheval est fier, ardent, impétueux. Les mulets ont le pied très-sûr. Le cerf est rapide à la course. Le chevreuil vit dans les forêts tempérées de l'Europe. Les chèvres aiment les lieux secs et sauvages. Les plus beaux moutons sont les moutons allemands. Les baleines ne se nourrissent que de très-petits poissons. Le faucon est un oiseau propre à la chasse. L'aigle est le roi des oiseaux, le plus fort et le plus courageux. La buse est l'oiseau de proie le plus abondant et le plus nuisible à nos contrées. On trouve des merles blancs en Afrique, en

Auvergne et en Savoie. Le rossignol est solitaire, sauvage et craintif. Le chant de la faùvette est très-mélodieux. La bergeronnette vient chercher au milieu des troupeaux les insectes du pâturage. Chaque année l'hirondelle nous quitte pour nous ramener les beaux jours. Le chardonneret est ainsi appelé parce qu'il affectionne particulièrement les graines de chardon. Le serin des Canaries est un des oiseaux qui chantent le mieux. La pie est très-babillarde et portée au larcin. L'oiseau mouche est un petit chef-d'œuvre des mains de Dieu dont les plumes reflètent les belles couleurs des pierres précieuses. Le plus petit des colibris est de la grosseur d'une abeille. Le perroquet a la faculté d'imiter la parole humaine et s'apprivoise à la perfection. Le paon porte un magnifique plumage, mais en revanche il a la voix très-désagréable. Le faisan ressemble beaucoup au coq par son port et sa taille. La tourterelle vit dans les bois et recherche de préférence les lieux les plus sombres et les plus frais. L'autruche peut avaler des cailloux, et jusqu'à du fer. Le cygne est l'emblême de la beauté et de l'innocence. Les tortues sont d'une telle insensibilité qu'on peut leur enlever la cervelle sans les tuer. Les couleuvres vertes et les couleuvres à collier sont inoffensives.

Le diamant est de même nature que le charbon. Le charbon de terre n'était pas connu des anciens. On fabrique les allumettes avec du phosphore. Les feux-follets sont produits par certains gaz qui s'échappent du sein de la terre et brûlent dans l'air. La fleur de soufre est employée pour éteindre les feux de cheminée. Le fer est le plus précieux métal. Certaines compositions de cuivre et de zinc imitent l'or. Le bronze est un alliage de cuivre et d'étain. Les composés du plomb sont fort employés dans les arts et la médecine. C'est avec la céruse qu'on donne aux cartes de visite l'apparence de l'émail. La découverte et l'emploi de l'argent remontent au berceau du monde. On appelle orpailleurs ou pailloteurs les hommes occupés à ramasser l'or. Une pièce de 20 francs en or suffirait pour dorer une statue équestre de grandeur naturelle. Les agathes sont de jolies pierres précieuses que l'on trouve en abondance dans le sein de la terre.

On s'oriente sur mer au moyen des points cardinaux qui sont : le nord, le midi, l'orient et le couchant. Les comètes sont des astres qui parcourent le ciel en traînant une longue queue lumineuse. Beaucoup d'étoiles qui brillent au firmament sont plus grosses que la terre. L'année est partagée en quatre saisons qui sont : le printemps, l'été, l'automne et l'hiver.

Le corps de l'homme est le chef-d'œuvre de la création matérielle. La vue et l'ouïe sont les deux sens les plus susceptibles de s'affaiblir dans la vieillesse. Après le toucher, l'ouïe est le sens le plus utile aux musiciens. On peut communiquer avec ses semblables par la parole, les signes et l'écriture. L'odorat nous donne la connaissance des odeurs. La main d'un jeune enfant est admirable de délicatesse. Les organes du goût, qui sont la langue et le palais, nous apprennent à connaître la saveur des aliments. Le génie de l'homme à su rapprocher les distances par la vapeur.

Le roseau est le symbole de la souplesse et de la docilité. Le chêne peut résister aux plus terribles ouragans. Le laurier était autrefois consacré au Dieu des vers. La violette trahit sa modestie par son parfum Le pensez-à-moi fixe les regards en laissant un bon souvenir. Les cèdres du Liban élèvent leurs têtes jusqu'aux nues. Le chanvre séjourne longtemps dans des eaux stagnantes avant d'être livré aux filassiers. C'est à une chèvre d'Arabie que nous devons l'usage du café. La rose est la reine des fleurs; l'œillet et la tulipe ne peuvent lui disputer le prix. Il y a des animaux parasites comme il y a des plantes parasites. L'ivraie est une mauvaise herbe à graine noire. Dans une plante, on distingue la racine, la tige, les branches, les feuilles, les boutons, les fleurs et les fruits. Le gland est le fruit du chêne. L'héliotrope tourne toujours ses fleurs vers le soleil. Le serpolet est une espèce de thym. L'artichaut est de la même famille de plantes que le chardon. L'orge est la nourriture du cheval. Dans les pays chauds, souvent on mêle le seigle au froment pour faire du pain. Le cyprès est un arbre résineux toujours vert.

Un volcan est une montagne qui vomit du feu par son sommet. L'Océan couvre de ses eaux profondes les trois quarts du globe. L'astronomie est une science qui a pour but l'étude du ciel, de ses astres et de ses constellations. L'arpentage est une science dont le but est la mesure des terrains. L'architecture nous donne la preuve du génie de nos pères. Le plus haut monument qui soit au monde est la grande pyramide d'Égypte.

Le levier, le treuil, la poulie, le plan incliné, le coin, sont les puissances premières de la mécanique.

Mai est le mois des fleurs. L'aimant attire le fer. Février est le mois des fièvres. La Touraine est peuplée de châteaux féodaux. La Seine est bordée de beaux quais dans Paris. La Normandie présente à l'observation une grande richesse agricole.

Le dessin développe le goût et fait aimer la nature. L'étude du chant est un exercice utile aux jeunes gens. La gymnastique donne de la force et de la souplesse aux membres du corps.

Un sauvage tient plus à sa hutte qu'un prince à son palais. La patrie est le pays où l'homme a reçu les premières leçons de religion et de morale. La religion est une chaîne d'or qui unit la terre aux cieux, la créature au Créateur. La gourmandise met l'âme et le corps dans le chemin de la mort. Une citadelle est sur le point de se rendre, lorsque le gouverneur parlemente. L'avarice est une passion qui va à la folie. La colère diminue les jours et avant le temps conduit à la vieillesse. Caïn tua son frère Abel par envie. Le paresseux ressemble à une eau croupissante qui provoque le vomissement aux hommes et à Dieu. Le fleuve de tous les vices sort de l'orgueil comme d'un océan. La vie est courte, et pour celui qui loue et pour celui qui est loué. Un homme se rend maître d'un lion, et il ne peut gouverner sa langue. Tout ce qui nous arrive a été destiné de toute éternité. La science qui rend plutôt bon que savant est la seule nécessaire. La prudence est pour l'homme ce qu'est le fil à plomb et le niveau pour l'architecte. Jamais vous n'arriverez au but, si vous prenez deux routes. Dans la vie de l'homme, rien de plus agréable, de plus commode, de plus nécessaire que l'amitié. La véritable amitié repose sur l'estime. La libéralité est une vertu dispensatrice de bienfaits. La magnanimité tend toujours vers les grandes choses. La patience est une vertu indispensable au sein des misères humaines. Une parole dure excite la fureur; une réponse douce apaise la colère. La modestie embellit admirablement les autres qualités de l'esprit. Le travail est le gardien de la vertu. Les enfants parlent beaucoup et réfléchissent peu. La fainéantise produit la misère. Les circonstances sont plus fortes que les hommes. La vertu est sa propre récompense. La foudre frappe les plus hautes montagnes. Dieu fait un journal de notre vie. Il n'y a que le premier pas qui coûte. A sept ans révolus, le fils d'un chevalier devenait page. Certaines connaissances donnent la clef de toutes les autres. Tout bourgeois veut bâtir comme les grands seigneurs. Le sage ne rit pas, il sourit. Chacun est l'artisan de son sort. La clef dont on se sert est toujours claire. Ne réveillez pas le chat qui dort. Personne n'est prophète dans son pays.

Aucun chemin de fleurs ne conduit à la gloire. Tout ce qu'on fait bien, on aime à le faire. La fortune est comme le verre, elle en a l'éclat et la fragilité. Il y a deux choses auxquelles il faut s'accoutumer : les injures du temps et les injustices des hommes. Le mensonge est un vice, dont on ne saurait avoir trop d'horreur. Les montagnes sont les réservoirs d'où sortent les grands fleuves. Quiconque flatte ses maîtres, les trahit. Envier quelque chose à quelqu'un, c'est s'avouer son inférieur. Nul mortel ne peut nous défendre d'agir intérieurement.

Avant le péché, Adam et Ève vivaient heureux dans le paradis terrestre. L'ange Raphaël accompagna Tobie dans son voyage en Médie. Daniel fut jeté dans la fosse aux lions. David renversa le géant Goliath d'un coup de fronde. Salomon eut la gloire d'élever au Seigneur le temple de Jérusalem. Nabuchodonosor fut puni de son orgueil en vivant pendant sept ans à la manière des animaux. Alexandre le Grand parcourut en vainqueur toute l'Asie. Lycurgue donna aux Lacédémoniens des lois auxquelles ils obéirent pendant cinq cents ans. Solon, l'un des sept sages de la Grèce, obligea par serment les Athéniens à observer ses lois pendant cent ans. Socrate, le plus sage de tous les Grecs, mourut empoisonné par la ciguë. Démosthènes, le prince des orateurs, était bègue dans sa jeunesse. Romulus fonda Rome. César fit la conquête des Gaules. Constantin, grand empereur romain, se convertit au christianisme. Clovis se fit chrétien avec trois milles de ses Francs. Charles Martel chassa les Sarrasins des Gaules. Charlemagne fut couronné empereur à Rome. Les Croisades ont étendu le commerce et donné le goût des arts. Saint Louis fut un modèle de justice et de grandeur d'âme. Jeanne. d'Arc, après avoir sauvé la France, fut brûlée sur un bûcher par les Anglais. François Ier se fit créer chevalier à la veille d'une bataille. Henri IV aimait à dire : le Béarnais est pauvre, mais ce qu'il donne, il le donne de bon cœur. Sous Louis XIV, on coupait la langue aux blasphémateurs. Louis XVI, qui aimait tant son peuple, mourut roi martyr.

Règles ordinaires de la Syntaxe.

Exemple. Le frère et la sœur.

L'article s'accorde en genre et en nombre avec le nom auquel il se rapporte.

E. J'ai lu de bons livres.

Lorsqu'un nom, pris dans un sens partitif, est précédé d'un adjectif, on met devant cet adjectif la préposition de et non pas l'article.

E. Les deux Tobie vécurent fort âgés.

Les noms propres sont généralement invariables.

E. Il y a en France 89 chefs-lieux de département.

Quand un nom composé est formé de deux noms qui se suivent immédiatement, ces deux noms prennent l'un et l'autre la marque du pluriel.

E. Les fables de Lafontaine sont des chefs-d'œuvre.

Quand le nom composé est formé de deux noms réunis par une préposition, le premier seul prend la marque du pluriel.

E. Le renard est l'ennemi des basses-cours.

Quand le nom composé est formé d'un nom et d'un adjectif, l'un et l'autre prennent la marque du pluriel.

E. J'ai acheté deux porte-plumes.

Quand le nom composé est formé d'un nom et d'un verbe, le nom seul pourrait prendre la marque du pluriel, suivant le sens.

E. Le général envoya des avant-coureurs.

Lorsque le nom composé est formé d'un nom et d'un mot invariable, le nom seul peut prendre, suivant le sens, la marque du pluriel.

E. Dieu saint.

L'adjectif s'accorde en genre et en nombre avec le nom auquel il se rapporte.

E. Le père et le fils bons.

Deux singuliers valent un pluriel.

E. Mon père et ma mère sont contents.

Quand l'adjectif se rapporte à deux noms de différent genre, il prend le plus noble des deux genres.

E. Pratiquez la vertu; elle rend heureux.

Le pronom s'accorde en genre, en nombre et en personne avec le nom dont il tient lieu.

E. Vous serez récompensé, mon enfant, si vous êtes sage.

Quand *vous* est employé pour *toi*, le participe ou l'adjectif qui s'y rapporte demeure au singulier.

E. Je parle.

Le verbe s'accorde en nombre et en personne avec le sujet de la phrase.

E. Pierre et Paul jouent.

Deux singuliers valent un pluriel.

E. Vous aimez chanter.

Quand deux verbes en français sont de suite, le second est toujours à l'infinitif.

E. Vous et moi, nous nous portons bien.

Quand le verbe a pour sujet deux noms de différente personne, il prend la plus noble de ces deux personnes.

E. Ces élèves seront récompensés.

Le participe passé s'accorde avec son sujet, lorsqu'il est conjugué avec l'auxiliaire être.

E. La fleur que j'ai cueillie.

Le participe passé s'accorde avec son régime, lorsqu'il est placé après son régime ; mais non, dans le cas contraire. Exemple : J'ai cueilli une fleur.

E. Les valets se sont battus.

Dans les verbes pronominaux, le participe passé s'accorde, si le pronom du verbe est régime direct. Exemple : Elle s'est trouvée en danger de succomber. Les lois qu'ils se sont prescrites. Les eaux se sont retirées.

E. Ces femmes se sont donné des louanges.

Il n'y a pas accord, lorsque le pronom est *évidemment* régime indirect. Exemple : Elle s'est plu à me contredire. Ils se sont plu à me persécuter. Nous nous sommes proposé de chasser. Ils se sont imaginé cela.

E. Les fleurs que j'ai vu semer.

On ne peut dire : que j'ai vu semant, donc il n'y a pas accord. (Semer, complément direct.)

E. Les arbres que j'ai vus grandir.

On peut dire : que j'ai vus grandissant ; il y a accord. Exemple : Les loups que j'ai entendus hurler. Les fruits que j'ai vus mûrir.

E. Les grandes chaleurs qu'il a fait.

Les participes dit, parlé, fait, sont invariables. De la façon que j'ai dit les choses ; de la manière que j'ai parlé ; les arbres que le froid a fait mourir.

Modèle d'Analyse grammaticale.

L'homme traîne jusqu'au tombeau la longue chaîne de ses espérances trompées.

L'	mis pour le, article élidé, masculin singulier, s'accordant avec homme. L'article élidé est celui dans lequel on retranche e dans le et a dans la, quand le mot suivant commence par une voyelle ou un h muet.
Homme	nom commun, masculin singulier, sujet de la phrase. Le nom commun est celui qui convient à tous les objets de même espèce.
Traîne	du verbe actif traîner, troisième personne du singulier du présent de l'indicatif, première conjugaison, s'accordant avec homme. Le verbe actif est celui qui marque une action faite par le sujet.
Jusqu'	pour jusque, préposition, mot invariable. La préposition est un mot invariable qui sert à lier les mots entr'eux, en exprimant certains rapports

Au   mis pour à le, article composé, masculin singulier, s'accordant avec tombeau. L'article composé est au, aux, du, des.

Tombéau   nom commun, masculin singulier.

La   article simple, féminin singulier, s'accordant avec chaîne.

Longue   adjectif qualificatif, féminin singulier, s'accordant avec chaîne. L'adjectif qualificatif est celui que l'on ajoute au nom pour marquer la qualité de l'objet exprimé par le nom.

Chaîne   nom commun, féminin singulier, complément direct de traîne.

De   préposition, mot invariable.

Ses   adjectif possessif, féminin pluriel, s'accordant avec espérances. L'adjectif possessif est celui que l'on ajoute au nom pour marquer le possesseur de l'objet exprimé par le nom.

Espérances   nom commun, féminin pluriel, complément de chaîne.

Trompées   participe passé, féminin pluriel, s'accordant avec espérances. Le participe est un mot qui participe du verbe, et en même temps de l'adjectif. Il participe du verbe, en ce qu'il en a la signification, et de l'adjectif, en ce qu'il modifie le sens du nom.

Exercices étymologiques.

Le mot latin Terra a produit : terre, terrestre, étranger, souterrain, territoire, terreux, terroir, terreau.

Lumen   a produit : lumière, lumineux, illuminer, illumination.

Facere   a produit : faire, façon, facile, facilement, facilité, difficile, difficulté, faculté, facultatif, effet, efficace, efficacité, officieux, perfection, perfectionner, refaire, réfection, suffire, suffisance, suffisamment.

Mors   a produit : mort, mortel, mortellement, mortalité, mourir, immortel, immortalité.

Ferre   qui signifie porter, a produit : fertile, fertilité, fertiliser, différer, différence, offrir, préférer, référer, transférer.

Socius   qui veut dire compagnon, a produit : société, sociable, associé, association, sociétaire.

Anima   âme, a produit : animer, animosité, animal, inanimé, animation.

Possum   qui signifie je peux, a produit : pouvoir, possible, impossible, puissant, puissance, puissamment, impuissance, impossibilité, tout-puissant, toute-puis-

	sance, possesseur, possession, posséder.
Labor	travail, a produit : laborieux, labeur, laborieusement, élaborer, labour, labourer, laboureur.
Ira	colère, a produit : irascibles, irascibilité.
Ager	champ, a produit : agraire, agreste, agricole, agriculteur, agriculture, voyager, voyageur, voyage.
Moncre	Avertir, a produit : monition, admonition, moniteur.
Fluere	couler, a produit : flux, fleuve, fluide, fluvial, flot, flotter, fluctuation, affluence, affluer, influence, influer, superflu.
Signum	a produit : signe, signer, signifier, signature, assigner.
Colere	cultiver, a produit : culture, colon, colonie, coloniser.
Color	a produit : couleur, colorer, décolorer.
Os	qui signifie bouche, a produit : adorer (saluer en portant la main à la bouche), osciller, oscillation.
Pater	père, a produit : paternel, patrimoine, patrie, patron, patroner, paternellement, paternité.
Mittere	Envoyer, a produit : mission, missionnaire, commission, commissionnaire, commettre, émissaire, permission, émission, permettre, promettre, sou-

	mettre, soumission, mettre, émettre, transmettre, omission, transmission.
Videre	voir, a produit : vision, vue, visible, visiter, évident, évidence, évidemment, invisible, envier, envie, envieux, prévoir, prévoyant, revoir, pourvoir.
Iter	chemin, a produit : itinéraire, réitérer, réitération, initier, transit, transition, transitoire.
Cedere	se retirer, a produit : cession, excéder, succéder, précéder.
Jus	droit, a produit : juste, injuste, injustice, juger, jugement, adjuger, adjudication, injure, injurieux, parjure, se parjurer, conjurer, jurer, abjurer, abjuration, conjuration.
Ponere	poser, a produit : position, apporter, emporter, composer, composition, dépôt, déposer, déposition, dépositaire, disposer, disposition, exposer, exposition, imposer, imposture, interposer, opposer, opposition, proposer, proposition, transposer, transposition.
Vox	voix, a produit : vocal, vocaliser, vocation, avocat, convoquer, provoquer, évoquer, évocation, révocable, irrévocable.

Caput   tête, a produit : capital, capitole, capitaine, chapitre, cheveu, anticiper,
concevoir, conception, recevoir, récep-
tion.

Jacere   jeter, a produit : javelot, jactance,
conjecture, conjecturer, objecter, ob-
jection, obstacle, objet, sujet, rejeter,
projeter, projet, projection.

Sapere   avoir du goût, goûter une chose, a
produit : sage, sagesse, sapide, saveur,
insipide, savoureux, résipiscence.

Medium   milieu, a produit : midi, médiateur,
médiocre, médiocrité, méditer, médita-
tion, préméditer, préméditation, mé-
decin, remède, remédier, moyen,
moyennement, moyennant.

Pars   partie, a produit : parcelle, particule,
partiel, partiellement, part, partager,
partage, participer, participe.

Rex   roi, a produit : régner, règne, recteur,
règle, régulier, irrégulier, réguliè-
rement, irrégulièrement, régulariser,
corriger, correct, correction, diriger,
direct, direction, directement, érudi-
tion, ériger, royal, royaliste, royaume,
royauté, royalement.

Modus   manière, a produit : mode, modèle,
modeler, modeleur, moduler, modu-

lation, modifier, modification, modérer, modération, modérément, incommode, modeste, modestie, modestement, modique.

Dare donare, donner, a produit : don, donation, donateur.

Gradus — pas, a produit : degré, graduellement, graduer, agresseur, digression, progrès, progressif, transgresser, transgresseur.

Currere — courir, a fait : course, coursier, char, charrue, concours, concourir, excursion, parcourir, recourir, secourir.

Dux — chef, a fait : duc, ducal, duché, conduire, conductible, déduire, éducation, induire, induction, introduire, introduction, réduire, réduction, séduire, séduction, traduire, traduction.

Vis — force, a fait : vif, vivacité, vigueur, végéter, végétation, viril, virilité, vert, verdure, reverdir.

Sacer — sacré, a produit : sacre, sacristie, sacrement, consacrer, consécration, exécrable, sacerdotal, sacrifice, sacrifier, sacrilége, sacramentalement.

Credere — croire, a produit : crédule, crédulité, créancier, incrédule, incrédulité, croyable, incroyable.

Servare — conserver, a produit : conservation,

serf, servil, servilité, observer, obser-
vance, observation, servitude.

Dignus   digne, a produit : dignement, dignité,
indigne, indigner, indignité, indigne-
ment.

Magnus   grand, a produit : majesté, maître,
majeur, magnanime, magnanimité,
magnifique, magnificence, majuscule.

Armus   épaule, a fait : arme, armure, armurier,
armer, armature, armement, désarmer,
désarmement.

Stimulus   aiguillon, a produit : stimuler, stimu-
lant.

Abbé   vient de l'hébreu abbas, père.

Abîme   — du grec a, bussos, sans fond.

Abondance.   — du latin ab undâ, coulant à flots.

Gêne   — du latin gehenna, enfer.

Altérer   — du latin alter, autre (devenir
autre.)

Castagnettes   — du latin castanea châtaigne.

Serpent   — du latin serpere, ramper.

Tribulation   — du latin tribulus, chardon à trois
épines.

Ortie   — du latin urere, brûler.

Avarice   — du latin avere, désirer ardem-
ment.

Manifeste   — du latin manu-factus, comme fait
avec la main.

Escalader — du latin scala, échelle.

Pôle — du grec poleô, tourner.

Ignominie — du latin sine nomine, sans nom.

Infamie — du latin sine famâ, sans réputation.

Naufrage — du latin navi fractâ, vaisseau brisé.

Ecole — du grec scôla, loisir.

Salive — du latin sal, sel.

Sagacité — du latin sagire, avoir de la pénétration.

Statue — du latin stare, être debout.

Série — du latin serere, lier.

Enfant — du latin infans, qui ne parle pas.

Légume — du latin legere, choisir.

Fasciner — du latin fascinum, charme.

Intelligence — du latin inter - legere, lire à travers.

Calomnie — du latin calvere, déguiser.

Epître — du grec epistellô, envoyer.

Mystère — du grec musterion, secret.

Patrimoine — du latin patris - munus, charge du père.

Prospérité — du latin pro - spe, suivant l'espérance.

Conspirer — du latin cum - spirare, souffler ensemble.

Profane — du latin pro - fanum, hors du temple.

Presbytère — du grec presbuteros, qui appartient au vieillard.

Encyclopédie — du grec en kuklos paideuô, dans le cercle des connaissances.

Arrhes — du mot arabe dont l'origine hébraique signifie mélange.

Alors — de l'italien al ora, à l'heure.

Comète — du grec komê, chevelure.

Cathédrale — du grec katedra, siége.

Sarrasins — de l'arabe sahra - zin , fils du désert.

Scrupule — du latin scrupulum, petit caillou.

Basilique — du grec bazilikos, royal.

Parodie — du grec para - odos , près du chemin.

Botanique — du grec botanê, herbe.

Anarchie — du grec a - arkê , sans commandement.

Barcarolle — de l'italien barcollare, balancer.

Alphabet — des lettres grecques alfa et bêta.

Grammaire — du grec gramma, lettre

Psaume — du grec psallô, chanter.

Cadavre — du latin caro data vermibus, chair donnée aux vers.

Courage — pour rage de cœur.

Syntaxe — du grec sun, tassô, ranger ensemble.

Martyr — du grec martur, témoin.

Le Laboureur et ses Enfants.

Travaillez, prenez de la peine :
C'est le fonds qui manque le moins.

Un riche laboureur, sentant sa mort prochaine,
Fit venir ses enfants, leur parla sans témoins.
« Gardez-vous, leur dit-il, de vendre l'héritage
Que nous ont laissé nos parents :
Un trésor est caché dedans.
Je ne sais pas l'endroit, mais un peu de courage
Vous le fera trouver : vous en viendrez à bout.
Remuez votre champ dès qu'on aura fait l'août :
Creusez, fouillez, bêchez ; ne laissez nulle place
Où la main ne passe et repasse. »
Le père mort, les fils vous retournent le champ,
Deçà, delà, partout ; si bien qu'au bout de l'an
Il en rapporta davantage.
D'argent, point de caché. Mais le père fut sage
De leur montrer, avant sa mort,
Que le travail est un trésor.

Adages de la Fable.

Quel fils ne se croit pas plus sage que son père? —
Très-souvent la douleur naît au sein des plaisirs. —
Un menteur n'est point écouté,
Même en disant la vérité. —
Qui ne songe qu'à soi quand sa fortune est bonne
Dans le malheur n'a pas d'amis. —
Il n'est, je le vois bien, si poltron sur la terre
Qui ne puisse trouver un plus poltron que soi. —
Souvenez-vous que dans la vie,
Sans un peu de travail on n'a point de plaisir. —
Je travaille, et toujours je sais me rendre utile;
Voilà le vrai secret de ne pas s'ennuyer. —
Tout donner au plaisir n'est pas de la sagesse. —
On n'apprend rien sans peine et sans attention;
Le savoir est le prix de l'application. —
Si je ne coupais pas tant ce bois inutile
Vous ne seriez bientôt qu'une plante stérile. —
On ne parvient à rien de bon,
Pas même à prendre un papillon,
Sans un peu de persévérance. —
L'asile le plus sûr est le sein d'une mère. —
Volontiers jeune tête avance hors du nid. —
Patience et longueur de temps
Font plus que force ni que rage. —
Le malheureux sent mieux qu'un autre

Le poids de l'infortune et de la pauvreté. —
    La bienveillance mutuelle
Est pour nous tout profit, comme elle est tout plaisir. —
    Fais en sorte que ton plaisir
    Ne soit pas le tourment des autres. —
    Dans la société,
    Le bien, le mal, nous sont rendus. —
Lorsque nous nous plaignons des procédés des autres,
Ils ne sont bien souvent que les échos des nôtres. —
    Quelque petit qu'il soit, toujours
    Un ami nous est un secours. —
    Il ne faut mépriser personne.
    Le méprisé prend quelquefois l'essor ;
    Tel qui rampait, s'élève et nous étonne. —
    On se nuit bien plus à soi-même
Qu'à ceux dont on se moque en les contrefaisant. —
La raison du plus fort est toujours la meilleure. —
L'être le plus parfait n'a-t-il pas son défaut? —
    Mieux vaut savoir bien une chose,
    Que d'en savoir trois à demi. —
    Aux grands périls tel a pu se soustraire,
    Qui périt pour la moindre affaire. —
Rien ne sert de courir, il faut partir à point. —
    Apprenez que tout flatteur
    Vit aux dépens de celui qui l'écoute. —
    Il ne faut jamais
Vendre la peau de l'ours qu'on ne l'ait mis par terre. —
Ainsi que bien des gens d'esprit et de savoir
Mais qui d'un seul côté regardent une affaire

Chacun de vous ne veut y voir,
Que la couleur qui sait lui plaire. —
Le mérite se cache, et l'on voit à la ronde
Plus d'un fat étaler la soie et les rubis. —
Je parle peu, mais je dis bien :
C'est le caractère du sage. —
Il savait que la méfiance
Est mère de la sûreté. —
Les gens sans bruit sont dangereux ;
Il n'en est pas ainsi des autres. —
L'arbre est plus sûr de vivre où naquit sa racine. —
Fruit tardif vaut mieux que primeur. —
Rien n'est si dangereux qu'un ignorant ami :
Mieux vaudrait un sage ennemi. —
Garde-toi tant que tu vivras,
De juger des gens sur la mine. —
On ne peut que gagner en bonne compagnie ;
Hanter méchantes gens, c'est vouloir sa ruine. —
Aider au mal, c'est autant que le faire. —
Tout bourgeois veut bâtir comme les grands seigneurs,
Tout petit prince a des ambassadeurs,
Tout marquis veut avoir des pages. —
Un tiens vaut, ce dit-on, mieux que deux tu l'auras :
L'un est sûr, l'autre ne l'est pas. —
On perd ce que l'on tient, quand on veut gagner tout. —
Il n'est pas toujours bon d'avoir un haut emploi. —
De mon petit réduit je me trouve content ;
Il est à moi. —
L'adversité souvent est une heureuse école. —

Il se faut entr'aider : c'est loi de la nature. —

Ne soyons pas si difficiles :
Les plus accommodants, ce sont les plus habiles. —
On hasarde de perdre en voulant trop gagner. —

La ruse la mieux ourdie
Peut nuire à son inventeur,
Et souvant la perfidie
Retourne à son auteur. —

Quand du mérite on est le bienfaiteur,
En l'aidant à paraître on semble en être l'auteur. —
Les cieux pour les mortels, sont un livre entr'ouvert. —
Le devoir avant tout, et le plaisir après. —
Quelque brillant sommet que notre orgueil gravisse
Ce n'est que la hauteur de notre précipice. —
C'est Dieu qui fit le monde, et la terre, et les cieux. —
Les plus faibles mortels sont forts s'ils sont unis. —
Entre deux vrais amis tout doit être commun. —
L'amitié doit user, mais n'abuser jamais. —
Ce qui vient d'un ami ne peut être une offense. —
On a de vrais amis, quand soi-même on sait l'être. —
L'art d'écrire et chiffrer, l'art de compter et lire,
Sont un don précieux de la Divinité ;
Qui ne sent qu'en effet l'homme en société
Fût resté sans progrès, s'il n'eût eu l'art d'écrire. —
C'est du ciel que nous vient cet art ingénieux
De peindre la parole et de parler aux yeux. —
Notre vie est semblable au fleuve de cristal
Qui sort humble et sans nom de son rocher natal. —
Charge utile devient légère. —

Ne jugeons pas toujours sur un dehors trompeur. —
C'est l'âme qui de l'homme établit la valeur
Le corps n'est que le vase, et l'âme est la liqueur. —
Le bien que l'on a fait la veille
Fait le bonheur du lendemain. —
Il ne se faut jamais moquer des misérables ;
Car, qui peut s'assurer d'être toujours heureux ? —
En fait de savoir, il n'est rien
Dont ne viennent à bout le travail et l'étude. —
Pour vivre heureux, vivons cachés. —
Ne précipitons rien ; par trop d'impatience
L'homme fait tous les jours avorter ses projets ;
Pour en garantir le succès
Il n'est que la persévérance. —
En toute chose, il faut considérer la fin. —
La sentence aux humains enseigne la morale
Et fait parler la vérité. —
Volontiers gens boiteux haïssent le logis. —
La colère est un feu qui s'éteint de lui-même
Dès qu'il lui manque un aliment. —
Ainsi que d'un méchant
Il faut toujours que l'on se garde
D'une bavarde. —
On ne doit jamais porter un jugement
Légèrement. —
On demeure excellents amis
Tant qu'on approuve et qu'on caresse ;
Mais heurtez un travers avec quelque rudesse,
Attaquez un défaut, hasardez un avis,

La vanité se scandalise,
L'amour-propre s'aigrit, et l'amitié se brise. —
A Dieu, à maître, à parent,
Nul ne peut rendre l'équivalent. —
Trop chèrement un bienfait est rendu,
Quand pour l'avoir trop de temps s'est perdu. —
La terre est un lieu de passage :
Par bons et par mauvais chemins
Il faut poursuivre le voyage,
Marchons, courageux pèlerins ! —
O nuage, où vas-tu ? qui t'a donné naissance ?
— Interrogez celui qui fait toute existence.
Voyageant dans les cieux sans m'arrêter jamais,
Je ne sais d'où je viens, et j'ignore où je vais !
Chaque jour est un bien que du ciel je reçois :
Je jouis aujourd'hui de celui qu'il me donne,
Il n'appartient pas plus aux jeunes qu'à moi
Et celui de demain n'appartient à personne. —
En la bonté du Ciel reposons-nous toujours ;
Il saura nous servir de merveilleux secours. —
La charité, la bienfaisance,
Ici-bas comme au ciel trouvent leur récompense. —
Quand on a l'âme bonne et le cœur généreux
On a toujours moyen d'aider les malheureux. —
Si l'ordre le plus grand ne règne en vos affaires
Des pertes en seront les suites nécéssaires. —
Celui qui se plaît aux procès,
Bien loin de gagner rien, en paye encore les frais. —
Tôt ou tard la vertu, les grâces, les talents,

Sont vainqueurs des jaloux et vengés des méchants. —
Les gens qui n'aiment qu'eux ne sont pas ceux qu'on
aime. —
Celui qui met un frein à la fureur des flots
Sait aussi des méchants arrêter les complots. —
Souvenez-vous que dans la vie
Sans un peu de travail on n'a point de plaisir. —

———

Petit interrogatoire propre à développer l'intelligence des jeunes enfants.

Nommez les objets d'une maison — les objets d'une classe — des animaux — des professions — des plantes — des arbres — des jours — des mois — des villes — des peuples — des provinces — des royaumes — des oiseaux — des poissons — des serpents — des insectes — des parties du corps — des instruments d'agriculture — des fêtes — des noms de saints — des figures géométriques.

Comptez jusqu'à cent.

Comptez jusqu'à cent par deux — par trois — par quatre — par cinq — par six — par sept — par huit — par neuf — par dix — par vingt

Combien avons-nous de sens ?

Combien y a-t-il de jours dans une semaine — dans un mois — dans une année ?

Combien y a-t-il de mois dans une année ? Quels sont-ils ?

Combien y a-t-il d'années dans un siècle ?

Combien le corps humain a-t-il de membres ?

Combien avons-nous de doigts dans les deux mains ?

Combien y a-t-il de mystères dans la Religion ?

Combien y a-t-il de péchés capitaux ?

Combien y a-t-il de sacrements ?

Combien y a-t-il de personnes en Dieu ?

Combien y a-t-il de lignes dans un triangle ?

Combien y a-t-il de coins dans un carré ?

Combien y a-t-il de mètres dans un kilomètre ?

Combien y a-t-il de kilomètres dans une lieue ?

Combien y a-t-il de myriamètres dans cinq lieues ?

Combien y a-t-il de livres dans un kilo ?

Combien y a-t-il en France de départements ?

Table d'Addition

2	et	2	font	4	6	et	2	font	8
3		3		6	7		3		10
4		4		8	8		4		12
5		5		10	9		5		14
6		6		12	2		6		8
7		7		14	3		7		10
8		8		16	4		8		12
9		9		18	5		9		14

3	et	2	font	5	7	et	2	font	9
4		3		7	8		3		11
5		4		9	9		4		13
6		5		11	2		5		7
7		6		13	3		6		9
8		7		15	4		7		11
8		9		17	5		8		13
2		9		11	6		9		15

4	et	2	font	6	8	et	2	font	10
5		3		8	9		3		12
6		4		10	2		4		6
7		5		12	3		5		8
8		6		14	4		6		10
9		7		16	5		7		12
2		8		10	6		8		14
3		9		12	7		9		16

5	et	2	font	7	9	et	2	font	11
6		3		9	2		3		5
7		4		11	3		4		7
8		5		13	4		5		9
9		6		15	5		6		11
2		7		9	6		7		13
3		8		11	7		8		15
4		9		13	8		9		17

TABLE DE SOUSTRACTION.

1 ôté de	1	reste	0		5 ôté de	5	reste	0
	2		1			6		1
	3		2			7		2
	4		3			8		3
	5		4			9		4
	6		5			10		5
	7		6			11		6
	8		7			12		7
	9		8			13		8
2 ôté de	2	reste	0		6 ôté de	6	reste	0
	3		1			7		1
	4		2			8		2
	5		3			9		3
	6		4			10		4
	7		5			11		5
	8		6			12		6
	9		7			13		7
	10		8			14		8
3 ôté de	3	reste	0		7 ôté de	7	reste	0
	4		1			8		1
	5		2			9		2
	6		3			10		3
	7		4			11		4
	8		5			12		5
	9		6			13		6
	10		7			14		7
	11		8			15		8
4 ôté de	4	reste	0		8 ôté de	8	reste	0
	5		1			9		1
	6		2			10		2
	7		3			11		3
	8		4			12		4
	9		5			13		5
	10		6			14		6
	11		7			15		7
	12		8			16		8

Table de Multiplication.

2	fois	2	font	4	5	fois	5	font	25
2		3		6	5		6		30
2		4		8	5		7		35
2		5		10	5		8		40
2		6		12	5		9		45
2		7		14					
2		8		16	6	fois	6	font	36
2		9		18	6		7		42
					6		8		48
3	fois	3	font	9	6		9		54
3		4		12					
3		5		15	7	fois	7	font	49
3		6		18	7		8		56
3		7		21	7		9		63
3		8		24					
3		9		27	8	fois	8	font	64
					8		9		72
4	fois	4	font	16					
4		5		20	9	fois	9	font	81
4		6		24					
4		7		28					
4		8		32					
4		9		36					

Chiffres romains.

I	II	III	IV	V	VI	VII	VIII	IX	X	XI
1	2	3	4	5	6	7	8	9	10	11

XX	XXX	XL	L	LX	LXX	LXXX	XC	C
20	50	40	50	60	70	80	90	100

D	M
500	1000

Les 89 départements de la France.

Département	Chef-lieu	Département	Chef-lieu
Ain	Bourg	Lot	Cahors
Aisne	Laon	Lot-et-Garonne	Agen
Allier	Moulins	Lozère	Mende
Alpes (Basses-)	Digne	Maine-et-Loire	Angers
Alpes (Hautes-)	Gap	Manche	Saint-Lô
Alpes Maritimes	Nice	Marne	Châlons
Ardèche	Privas	Marne (Haute-)	Chaumont
Ardennes	Mézières	Mayenne	Laval
Arriége	Foix	Meurthe	Nancy
Aube	Troyes	Meuse	Bar-le-Duc
Aude	Carcassonne	Morbihan	Vannes
Aveyron	Rodez	Moselle	Metz
Bouches-du-Rh.	Marseille	Nièvre	Nevers
Calvados	Caen	Nord	Lille
Cantal	Aurillac	Oise	Beauvais
Charente	Angoulème	Orne	Alençon
Charente-Infér.	La Rochelle	Pas-de-Calais	Arras
Cher	Bourges	Puy-de Dôme	Clerm.-Ferrand
Corrèze	Tulle	Pyren. (Basses-)	Pau
Corse	Ajaccio	Pyrén. (Hautes-)	Tarbes
Côte-d'Or	Dijon	Pyrén.-Orient.	Perpignan
Côte-du-Nord	Saint-Brieuc	Rhin (Bas)	Strasbourg
Creuse	Guéret	Rhin (Haut)	Colmar
Dordogne	Périgueux	Rhône	Lyon
Doubs	Besançon	Saône (Haute)	Vesoul
Drôme	Valence	Saône-et-Loire	Mâcon
Eure	Évreux	Sarthe	Le Mans
Eure-et-Loir	Chartres	Savoie	Chambéry
Finistère	Quimper	Savoie (Haute-)	Annecy
Gard	Nîmes	Seine	Paris
Garonne (Haute)-	Toulouse	Seine-Inférieure	Rouen
Gers	Auch	Seine-et-Marne	Melun
Gironde	Bordeaux	Seine-et-Oise	Versailles
Hérault	Montpellier	Sèvres (Deux-)	Niort
Ille et-Vilaine	Rennes	Somme	Amiens
Indre	Châteauroux	Tarn	Alby
Indre-et-Loire	Tours	Tarn-et-Garon.	Montauban
Isère	Grenoble	Var	Draguignan
Jura	Lons le-Saunier	Vaucluse	Avignon
Landes	Mont-de-Marsan	Vendée	Napoléon-Vendée
Loir-et-Cher	Blois	Vienne	Poitiers
Loire	Saint-Étienne	Vienne (Haute-)	Limoges
Loire (Haute-)	Le Puy	Vosges	Épinal
Loire-Inférieure	Nantes	Yonne	Auxerre
Loiret	Orléans		

— Imp. E. BEAUVAIS, Place des Halles, 19.